Michael Rasmus Schernikau

Schnappschüsse in Versen

Gedichte

Bibliografische Information der Deutschen National-
bibliothek:
Die Deutsche Nationalbibliothek verzeichnet diese
Publikation in der Deutschen Nationalbibliografie;
detaillierte bibliografische Daten sind im Internet über
http://dnb.dnb.de abrufbar.

Schnappschüsse in Versen
© *2013 Michael Rasmus Schernikau*

Bildmaterial Cover: thinkstockphotos.de
 (Image Work/ amanaimages RF/ amana images/ Thinkstock)
Fonts (Cover, Buchblock): *Vollkorn. Copyright © 2013 by*
 Friedrich Althausen (http://friedrichalthausen.de).
 All rights reserved. This Font Software is licensed under the
 SIL Open Font License, Version 1.1.

Herstellung und Verlag: BoD – Books on Demand,
Norderstedt

ISBN: 978-3-7392-1706-2

Inhaltsverzeichnis

Hinweis   S. 7

Schnappschüsse aus der Welt
des Fußballs   S. 9

Die Wahrheit   S. 19

Noch einmal auf Beatrices
Spuren   S. 27

Tartuffe 2000 -
Schöne neue Medienwelt   S. 49

Anmerkungen   S. 66

Verzeichnis der einzelnen Gedichte   S. 67

Über den Autor   S. 70

Weitere Bücher des Autors   S. 70

Die Schnappschüsse in Versen *sind bereits 2013 als
E-Book im Verlag Dr. Michael Rasmus Schernikau
(Michael Rasmus Schernikau Verlag) erschienen
[ISBN 978-3-944568-01-0 (Kindle-Format,
ASIN: B00BQ9T48I),
ISBN 978-3-944568-02-7 (EPUB)].
Der Text der vorliegenden Printausgabe folgt der
überarbeiteten Neuauflage 2015
(ISBN 978-3-944568-10-2).*

*Die vorliegenden Texte sind fiktional. Ähnlichkeiten
mit lebenden oder verstorbenen Personen sind rein
zufällig und nicht beabsichtigt.*

Schnappschüsse aus der Welt des Fußballs

Der Torwart

Halt' ihn nur, den Traum
Vom Glück, den blendendweißen
Mit schwarzen Flecken.

Ein deutsches Sommermärchen

Erst zusammen mit
Friends from abroad merkten wir,
Wie schön Nürnberg ist!
Erst zusammen mit
Friends from abroad merkten wir,
Wie schön Bayern ist!
Erst zusammen mit
Friends from abroad merkten wir,
Wie schön es daheim...

Die deutsche Mannschaft

Bertis Buben einst,
Klinsmänner dann, wuchsen wir
Zu Jogis Löwen.

Finale

2006

Nicht zu unterschätzen...

Topkicker nutzen
Den Kopf als Waffe – sogar
Im wörtlichen Sinn.

2010

Der Heuschreckenschwarm
Zieht weiter gen Westen. Zurück
Bleibt nur dröhnendes
Schweigen in den verwaisten
Stadien am Rand der Townships.

2014

Ob Müller oder
Messi, am Ende heißt der
Sieger Sepp Blatter.

Eine Nasenlänge vorn

Freudetrunken über Deutschlands
3: 2, so ist die junge
Lehrerin, die dunkelblonde,
Heimgekehrt vom Fußballspiel.

Geht zu Bett, dies Glück zu krönen,
Nimmt vom Nachttisch sie das Bändchen
Mit Gedichten, Kurzgeschichten,
Das ein *fellow-student* schrieb.

Jählings wirft ihr Freund von hinten
Sich zu ihr auf die Matratze,
Balgt sich mit ihr und zu Boden
Fällt das Buch, Erinnerung.

Fühlt sie auch auf ihrer Brust
Schwer nun seine Hände ruhen,
Ist es doch des Dichters Feder
Die so zart ihr Herz berührt.

Frauenfußball-WM 2011

I) Deutschland - Nigeria, 30.06.2011

mag schiedsrichterin
you know who auch gegen uns
sein, nigeria
straflos foulen, zum schluss siegt
deutschland dennoch **cum laude**hr

II) Spielerin im Interview

„Wird die Trainerin
Sie am Dienstag aufstellen?"
„Sorry, das kann ich
nicht sagen... Ich werde es
morgen aus der *Bild* erfahr'n."

III) Niederlage

Einsam im Gewühl,
Traurig im Freudentaumel.
Selbstvergessen weint
Abseits die junge Fußball-
Göttin in ihr Trikot.

IV)

Am Morgen danach
Siehst du in ganz neuem Licht
Die wohlbekannten
Plakate *Der dritte Platz*
Ist doch nur was für Männer.

V) Halbfinale Japan-Schweden, 13.07.2011

Formvollendet, ein
Gedicht war Japans Spiel. Bleibt
Da noch ein Wunsch? - Schlagt
Nächstes Mal in einem so
Feinen Match auch unser Team.

VI) Finale

Ob Sawa oder
Wambach, am Ende heißt der
Sieger Sepp Blatter.

Die Wahrheit

Die Wahrheit

I) Der Künder der Wahrheit

Sie sagen, der
Künder der Wahrheit sei
Auf den Dorfplatz gekommen.

Du gehst und siehst
Den Künder der Wahrheit
Siehst ihn gekleidet in schreiende Farben, hörst
Trommelgeplärr,
Schalmeiengekreisch.

Im Rücken des
Künders der Wahrheit, sieh!,
Schwarzgepanzerte Schergen.

Das lauert und lauscht
Mit blitzenden Spießen,
Der Inquisitor
Reibt sich die Hände,
Der Scheiterhaufen
Steht schon bereit.

Mit Krallenfingern entrollt der
Künder der Wahrheit das
Pergament mit dem
Blutigen Siegel und
Bellt: „In the name of the
King, who holds the view…".

Sie sagen, der
Künder der Wahrheit sei
Auf den Dorfplatz gekommen.

II) Berliner Soirée

Wo auf dem glatten Parkett
Politiker sich verbeugen und –biegen,
Wo an dem kalten Buffet
Manager, Banker sich bedienen nach Gusto,
Wo Austern, Kaviar, Lachs
Sich häuft auf den Tellern der Funktionäre von
Gewerkschaft, geschäftstüchtiger Geistlichkeit,
Wo dem Gastgeber, wie dem Gast
Ihr Kompliment machen, artig plaudernd,
Die Soziologen, Historiker, wie auch die Dichter,
Als Löwen des Abends durch Reifen springen,
Wo an der Gittertür
Die Gästeliste prüft der Reporter, als
Herold und Wächter das Protokoll kontrolliert,
Dort tänzelt, die blanken Hüften schwingend,
Über den Laufsteg die Wahrheit selbst.
Jeder Einblick ist scharf kalkuliert,
Vom Gastgeber abgesegnet.
Zeig uns, Baby, was uns gefällt!
Zeig uns mehr, Frau Wahrheit, errege
Aber bitte kein Ärgernis!

Leben am Fluss

Du schwebst im Blau
Und stellst jäh fest:
Deine Flügel sind Flossen.
Du schwimmst im Schwarm
Und stellst jäh fest:
Dir wachsen Beine.
Diese tragen die Kaulquappe an Land.

Die Seele treibt
Im Strom der Zeit,
Ein Blütenblatt, ein
Schwamm mit den Jahren,
Saugt sie die schwarzen
Wasser der Bitterkeit.

Am selben Fluss
Leben Fisch und Frosch.
Am selben Fluss,
Streifen sie einer des
Anderen Sphäre.
Am selben Fluss
Erstickten sie
Beide oder

Ertränken, wenn
Einer ganz
Aufgehen müsste
In der Sphäre des Anderen.
Am selben Fluss
Leben Fisch und Frosch
Und fressen sich
Nicht

Entlarvung eines Heuchlers
Neue Gedanken zu Maupassants Roman Bel Ami

Oh, Bel Ami, wie schamlos hast du uns belogen!
Du trugst der Ehren hehre Kron',
Verleger Walters Schwiegersohn,
Nicht nur Paris sah dich als Kollektivgewissen.

Vor deiner Feder zitterten die ungetreuen Gatten,
Den Ehebrecherinnen hast du's Leben schwer
Gemacht und für die eigene *carrière*
Geliebte wie die erste Frau verraten.

Hätt'st du nur schon vor Jahren eingestanden:
„Auch ich war einmal Bigamist."
Und dich nicht hochgedient als Moralist,
Dein Nachruhm würde nicht zuschanden.

Wie kannst du nur nach Andrer Splittern spähen,
Den eignen Balken aber übersehen!

Vermächtnis

Bevor ihn der Stahl fällt,
Schreibt er an die Wand
Mit Herzblut, die letzte
Wahrheit: *Das, was der Mensch ge-
sät hat, soll er ernten.*

Noch einmal auf Beatrices Spuren

Schnappschüsse aus Italien
und von der Uni Erlangen

Immer wenn Yoko
Nürnberg besucht, geht sie mit
Lin, ihrer Freundin,
Bratwurst essen am Burgberg.
Kluge Botschafterinnen

S. Stefano, Ferragosto

Kerzen im Meer, der
Pfarrer hält eine Messe,
Eine Mutter mit
Eis schiebt singend den Kinder-
Wagen am Ufer entlang.

Pranzo degli innamorati
Mittagsmahl der Liebenden

hier fusili
rucola dort
aceto balsamico

tortellini an
zartem fleisch ein
hauch von meersalz

zweimal budino mit
sinnlichen kirschen
tiramisu

viva la siesta

All'amica italiana
Versione originale

Mi hai fatto vedere un nuovo mondo
nel mare e nelle colline
e negli occhi tuoi.

Mi hai aperto la bocca,
mi hai regalato la lingua
italiana,
ma io non sapevo trovar le parole.

Mi hai dato la mano
e mi hai detto:- vola con me. - ,
ma le ali crescono solo con gli anni.

Così siamo saliti lassù
cerchio dopo cerchio, a piedi,
ma poi te ne sei andata,

perché volevi essere più
del mio fedele Virgilio.

An die italienische Freundin [1]
Versione tedesca

Du zeigtest mir eine neue Welt
In Meer und Hügeln und
Deinen Augen

Du öffnetest mir den Mund,
Du schenktest mir die Sprache
Italienisch,
Doch Worte vermochte ich nicht zu finden.

Du gabst mir die Hand,
Du sagtest: „Flieg mit mir.",
Aber die Flügel wachsen erst mit den Jahren.

So stiegen wir empor,
Kreis auf Kreis, zu Fuß,
Aber dann gingst du fort,

Weil du mehr sein wolltest,
Als mein getreuer Vergil.

Druck ihres Schenkels
Unterm Tisch, inniger Blick
Umfängt Zeit und Raum
Vereint beider Geist – wunschlos
Vertane Sternschnuppe

Geheimnisse der Liebe

I)

Wie sonderbar: Nur
Wer weiß, was ihn erwartet,
Vermag zu warten.

II)

Viel zu lieb haben,
Um nur zu lieben, – Eher
Doch nicht verliebt sein.

frühling in erlangen

im schlossgarten neckt
polly ihren mac und dich
reizen nur pollen

Gewisse Erasmusstudentinnen

Jenseits der Berge,
Entdecken sie die Liebe,
Den *fidanzato*
Daheim finden sie über
Facebook wieder; er reist nach.

Zerstoben zu Nichts
In heißer Luft Gedanken –
Brainstorming en groupe

Ich selber mach unnötig mir das Leben schwer (Neufassung)[2]

frei nach Rudolf von Fenis

Ich selber mach unnötig mir das Leben schwer,
Denn grad die Eine, die ich will, kann ich nicht haben.
Um die zu werben aussichtsreicher wär',
Die lass ich steh'n.
Nur Liebe heucheln
Will mir nicht behagen.
Wildkätzchen, meine Lust und Qual!
Die Hündchen sind mir doch egal.
So bleibt mir nur, zu fliehen
Und zugleich zu jagen.

Ach, dass ich die Natur
Der *hôhen minne* nicht erkannt
Hab, ehe ich mich blindlings auf sie eingelassen!
Sie bringt mir Leiden nur,
Denn meine Herrin hat mich in der Hand;
Hätt' ich das gleich gewusst,
Ich hätt' es besser sein gelassen!
So hoffnungslos hab ich mich in dies Hirngespinst

verrannt,
Dass mich die Furcht packt,
Noch zu stürzen auf dem Wege, unbedacht.

Den Kummer hab ich selber mir gemacht.

Der gute Mediävist belebt
Aufs Neue die Forschungsdebatten.
Der schlechte Mediävist erstrebt
Die Klärung der strittigen Fragen.

Nicht Derrida, den
Sie präsentiert im schwülen
Hörsaal, nur sie selbst
Enthüllt den Sinn des Lebens,
Die junge Doktorandin

Eine Blondine

Wie Crème Brulée ist Emma –
Erst beißt du dir die
Zähne aus und hinterher
Liegt sie wie Blei im Magen.

An Emma

I) Vielen Dank für die Blumen!

„Emma, du liebst mich
Nicht so wie ich bin? - Dann kannst
Du mich gernhaben!"

II)

Emma, wenn du voll
Stolz und Vorurteil im Bett
Mit Mister Darcy
Liegst, mal ehrlich, träumst du von
Ihm oder von Pemberly?

III) Tja…

Emma fragte mich:
„Ich weiß was ich will und ich
Hol' es mir auch,
Ich geh' meinen Weg –, warum
Finde ich bloß keinen Mann?"

genderfragen

verwischt den letzten
unterschied nur zwischen den
geschlechtern, der mann
fühlt sich ganz mau und vom kerl
trennt nur ein phonem das girl.

Grashalm (1)

Turnschuhe zierlich und rot auf der Fußmatte meines Nachbarn
Schmiegen sich eng an ein Paar Sneakers voll Matsch und Schlamm.
Auf dem Balkon vis à vis, im Bikini, die blonde Versuchung;
An die Leine hängt sie ihre Slips und BHs,
Rostbraun, weinrot und schwarz, eine off'ne Korsage und dazu
Ein Paar Boxershorts.
Wasser rauscht nebenan. Dann erdröhnt barockes Getöse,
Purcell, *Come, if you dare* - fünfzehn Minuten geht das,
Pauken, Trompeten, Geschrei *We come, we come*, jähes Schweigen.
Fünfzehn Minuten herrscht Ruh. Dann geht's von neuem los.
Über mir, vor dem PC, eine einsame Kommilitonin,
Täglich treff' ich sie im Flur, sie sucht den Partner im Netz.

Singlecoach

Nachdem sie im Netz
Erklärt wie Partnersuche
Richtig läuft, kehrt sie
Zurück zu Tiefkühlpizza
Und Katz' in die Singlewohnung.

Tartuffe 2000

Schöne neue Medienwelt

Lektion der Geschichte

„Packt Ihr ihn hart an seinem Schwanz",
Tut Tell dem Gessler kund.
„Herr Vogt, zum Wolf wird selbst ein ganz
Geduld'ger Hütehund."

Begegnungen mit Konfuzius

I)

Political Correctness
Ohne Menschlichkeit
Ist eine runde Ecken-
Schale. Sieh herab,
Würd'ger Kung Fu Tse!

II)

Meltem schrieb 2010, im Oktober, in Karls
Freundschaftsalbum:
Von Natur aus sind wir uns nah, durch Übung
entfernen wir uns.

III) Richtigstellung der Begriffe

Moralin verhält
Sich zur Moral wie Gutmensch
Zum guten Menschen.

Zehn Prozent Ethanol

Das Auto verschlingt Benzin
(mit *Zehn Prozent Ethanol,*
Wir wollen ein Stück weit die
Umwelt nachhaltiger schützen).
Das Benzin
(mit *Zehn Prozent Ethanol,*
Wir wollen ein Stück weit die
Umwelt nachhaltiger schützen)
Verschlingt Zuckerrüben, Mais und Weizen.
Weizen, Mais und Zuckerrüben
verschlingen neue Anbauflächen, allein für
Zehn Prozent Ethanol,
Wir wollen ein Stück weit die
Umwelt nachhaltiger schützen. Die
Neuen Anbauflächen,
Monokulturen,
Verschlingen den Wald, für
Zehn Prozent Ethanol,
Millionen von Menschen droht der
Hunger zu verschlingen. Die Politiker
Verschlingen ihre Diäten,
Verschlingen Steuergelder:
Diäten und Dienstwagen. Die

Dienstwagen der Politiker
Verschlingen Benzin.

Tartuffe 2000

Tartuffe - schreibt Wilde - lebt
Jetzt in England, als Geschäfts-
Mann. Wirklich? Bei uns
Schwingt er seine Reden in
Zeitungsglossen und Reichstag.

Ein alter Hut

Alter Hut auf hoher Stange
Mit totalen Machtansprüchen,
Alle Teufelshörner deckt er –
Ist das nicht Vogt Gesslers Hut?

Alter Hut auf hoher Stange,
Offen nur für Geldtribute,
Heischt Kotau, ein jeder denkt sich:
„He, das ist Vogt Gesslers Hut!"

Sei es Krone oder Mitra,
Wenn der Kopf nicht nach dem Guten
Strebt mit Herz und Hand, man könnte
Landvogt Gesslers Hut drin seh'n.

Alte Hüte à la Gessler
Gab's genug, uns fehlen Menschen,
Die uns nur die **Gold'ne Regel**
Zeigen, praktisch vorgelebt.

Gute Frage

„Was hat bloß Chrissie,
Was ich nicht habe, Johann?"
Fragte Frau von Stein.

„Hi Süße, Online-Date Mist. So ein verkopfter Schnarchsack – voll NoGo! Liz – PS: Er heißt Darcy."
Pride and Prejudice 2.0

magic mountain 2.0

entschwunden chauchat,
die geliebte, frostige
stille vorm balkon,
was tut's! bleibt doch das smartphone
(und hartnäckiges fieber!)

Entertainment digital

Um vom Käse (und
Seinen Löchern) die Vision
Nur zu haben, drückt
Die Ratte das Knöpfchen und
Zahlt gut zwei Euro pro Click.

Auch eine Lösung

Um dem Programm mehr
Tiefe zu verleih'n, gibt's jetzt
Fernsehn in 3D.

Kannst du noch schlafen,
Frosch, wenn im Blätterwald der Homo sapiens röhrt?

Einsicht (2)

Wenn man erkennt, wie
Jung man ist, ist man schon ein
Kleines Stück älter.

Wolf reißt Schaf, Krähen
Schonen einander, Frosch quakt,
Schwein suhlt sich im Schlamm,
Da sieht er längst nichts Neues,
Der alte Buddha am Weg

Zeitgenössische Literatur

Stimmt 's, dass wer Bestseller schreibt, den
Abgrund der Seele beleuchtet,
Dann bin ich gerne verkannt, aber im Reinen mit
mir.

Grashalm (2)
Good old Europe

Dieses Gedicht entstand 2009.

Ich singe das vereinte Europa.
Von den dunklen Elchwäldern Schwedens zu den glühenden Stränden Siziliens,
Singe von Bullerbü bis Donnafugata Europa
Von den Säulen des Herkules Europa bis zur Agora
Der Wiege der Demokratie. Im Schatten uralter Tempel,
Sieh!, reichen sich die Hand die Enkel Thoas' und Agamemnons.

Anmerkungen

[1] S. 32, *An die italienische Freundin – Versione tedesca*:
Im Unterschied zur im *passato prossimo* geschriebenen Originalfassung wurde für die deutsche Fassung das für literarische Texte gebräuchliche Präteritum verwendet.

[2] S. 38, *Ich selber mach unnötig mir das Leben schwer*:
Hierbei handelt es sich um die neuhochdeutsche Nachdichtung von Rudolf von Fenis' *Ich hân mir selber gemachet die swaere*. Die ursprüngliche Fassung dieser Bearbeitung erschien 2006 in:
SCHERNIKAU, MICHAEL R.: *Auf Beatrices Spuren.* Gedichte und Kurzgeschichten. Ins Italienische übertragen von ERNESTA GILARDI. – Sulle tracce di Beatrice. Poesie e racconti brevi. Traduzione dal tedesco: ERNESTA GILARDI. Norderstedt: BOD, 2006, S. 24 unter dem Titel *Teenagerliebe (2)*.

Verzeichnis der einzelnen Gedichte

Schnappschüsse aus der Welt des Fußballs

Der Torwart	S. 10
Ein deutsches Sommermärchen	S. 11
Die deutsche Mannschaft	S. 12
Finale	S. 13
Eine Nasenlänge vorn	S. 15
WM 2011 -	
I) Deutschland - Nigeria, 30.06.2011	S. 16
II) Spielerin im Interview	S. 16
III) Niederlage	S. 17
IV) Am Morgen danach	S. 17
V) Halbfinale Japan-Schweden, 13.07.2011	S. 18
VI) Finale	S. 18

Die Wahrheit

Die Wahrheit -	
I) Der Künder der Wahrheit	S. 20
II) Berliner Soirée	S. 22
Leben am Fluss	S. 23
Entlarvung eines Heuchlers	S. 25
Vermächtnis	S. 26

Noch einmal auf Beatrices Spuren - Schnappschüsse aus Italien und von der Uni Erlangen

Kluge Botschafterinnen	S. 28
S. Stefano, Ferragosto	S. 29
Pranzo degli innamorati – Mittagsmahl der Liebenden	S. 30
All'amica italiana (*versione originale*)	S. 32
An die italienische Freundin (*versione tedesca*)	S. 33
Vertane Sternschnuppe	S. 34
Geheimnisse der Liebe	S. 35
frühling in erlangen	S. 36
Gewisse Erasmusstudentinnen	S. 37
Brainstorming en groupe	S. 38
"Ich selber mach unnötig mir das Leben schwer" (Neufassung)	S. 39
Der gute Mediävist belebt	S. 41
Die junge Doktorandin	S. 42
Eine Blondine	S. 43
An Emma –	
I) Vielen Dank für die Blumen!	S. 43
II) *Emma, wenn du...*	S. 43
III) Tja...	S. 44
Genderfragen	S. 45
Grashalm (I)	S. 46

Singlecoach   S. 47

Tartuffe 2000 –
Schöne neue Medienwelt
Lektion der Geschichte   S. 50
Begegnungen mit Konfuzius –
I) Political Correctness   S. 51
II) *Meltem schrieb 2010*   S. 51
III) Richtigstellung der Begriffe   S. 51
Zehn Prozent Ethanol   S. 52
Tartuffe 2000   S. 54
Ein alter Hut   S. 55
Gute Frage   S. 56
Pride and Prejudice 2.0   S. 57
magic mountain 2.0   S. 58
Entertainment digital   S. 59
Auch eine Lösung   S. 60
Kannst du noch schlafen...   S. 61
Einsicht (2)   S. 62
Der alte Buddha am Weg   S. 63
Zeitgenössische Literatur.   S. 64
Grashalm (2) –
 Good old Europe   S. 65

Über den Autor

Michael Rasmus Schernikau (geb. 1985 in Nürnberg) promovierte 2012 in Italoromanischer Philologie an der FAU Erlangen.
Er arbeitet als freier Schriftsteller in der Metropolregion Nürnberg.

Weitere Bücher des Autors

- *Auf Beatrices Spuren - Sulle tracce di Beatrice.*
Gedichte und Kurzgeschichten - Poesie e racconti brevi.
Ins Italienische übertragen von ERNESTA GILARDI - Traduzione dal tedesco: ERNESTA GILARDI.
Norderstedt: Books on Demand, 2006.
(ISBN: 978-3-8334-6379-2).
- *La partita non è solo quello che vedi in campo.*
Fußball im kritischen Blick der italienischen Gegenwartsliteratur. Dissertation.
Berlin, Münster, Wien, Zürich, London:
LIT Verlag, 2012 (= Romanistik 22).
(ISBN: 978-3-643-11873-8)
- OSCAR WILDE: *Ein idealer Ehemann.*
Ins Deutsche übertragen von
MICHAEL RASMUS SCHERNIKAU.
Norderstedt: Books on Demand, 2015.
(ISBN: 978-3-7386-5772-2).